HISTOIRE

DU PRÉCIEUX SANG

DE

Notre Seigneur Jésus-Christ,

CONSERVÉ EN L'ABBAYE DE LA SAINTE-TRINITÉ

DE FÉCAMP.

LÉGENDE NORMANDE.

✢

PUBLIÉ, POUR LA PREMIÈRE FOIS,
D'après un Ms. de la Bibliothèque de Rouen ;
PAR ANDRÉ POTTIER,
Conservateur.

✢

ROUEN.

E. LE GRAND, LIBRAIRE-ÉDITEUR,
RUE GANTERIE, 26.
—
1838.

PUBLICATION
DE LA REVUE DE ROUEN
ET DE LA NORMANDIE.

IMPRIMÉ CHEZ NICÉTAS PERIAUX
RUE DE LA VICOMTÉ, N° 55.

HISTOIRE

DU PRÉCIEUX SANG

de Notre Seigneur Jésus-Christ

CONSERVÉ EN L'ABBAYE DE LA SAINTE-TRINITÉ

DE FÉCAMP.

—

Le duc Guillaume dit Longue-Épée, fils de Raoul, duc de Normandie, étant décédé, laissa son fils Richard, qui, ayant surmonté ses ennemis et se voyant redouté et estimé de tous ses voisins, et paisible dans le gouvernement de son duché, porté d'un grand zèle, se délibéra de voir l'Église de Fécamp, qui avoit été bâtie et fondée par son père. Y étant donc arrivé, il appela son chapelain, nommé Harrager[1], et luy parla de la sorte : « Il y a déjà longtemps que le duc Guillaume mon père est mort ; j'appréhende que, comme j'ay souffert plusieurs pertes et persécutions, cette église, qui a été par luy fondée, n'aye enduré beaucoup d'incommodités et dommages, faute de bonne conduite ; c'est pourquoy je désire que l'on fasse venir messire Robert, qui a été chapelain de mon père

---

[1] Un ms. latin, cité par le *Neustria pia*, le nomme *Harogerius*.

en cette même église, et Richard trésorier, son frère, qu'il m'apporte aussitôt toutes les pièces d'écriture des donations faites en cette ditte église par mon père le duc Guillaume et par ses barons, avec tous les mémoires de toutes les reliques, afin que je considère si tous les biens d'ycelle église n'ont point été diminués en quelques choses depuis sa mort. » Aussytôt, on fit ce que le duc avoit commandé, et on apporta un grand nombre d'écritures de tous cotéz, entre lesquelles, lorsqu'on en fesoit la lecture, on trouva un rouleau d'écritures qui contenoit ce qui suit :

Dans l'enclos de cette église de Fécamp est le prix de la rédemption du monde, sous quelqu'un des autels, lequel précieux trésor est sans doute venu des pays de Jérusalem jusqu'à nous, en cette contrée, comme l'écrit suivant le fera connoître. Joseph d'Arimathie, ainsy que l'église catholique le reconnoît, fut trouver Pilate, et luy demanda le corps de Jésus-Christ, ce qu'il obtint facilement ; et, ayant pris avec luy Nicodème, pour le mettre au tombeau, en laquelle déposition Nicodème, qui étoit celuy qui étoit venu trouver Jésus pendant la nuit, selon l'évangile de saint Jean, porté d'une très sainte piété et amitié, enleva, par le moyen de son couteau, le sang de ce vray prophète Jésus, qui étoit figé autour des playes de ses pieds et de ses mains et de son côté, et le mit dans son gant, et cacha ledit gant remply de ce sang précieux dans son coffre, fort secrètement, et le conserva avec grand respect, pendant toute sa vie, l'aimant et chérissant grandement. N'ayant point d'enfants pour héritiers, déclara son secret à son neveu Isaac, luy donna son gant avec le thrésor incomparable qui étoit dedans, et luy dit : « Voilà le sang de ce vray prophète Jésus que nos anciens pères ont fait injustement crucifier ; gardez-le avec respect, et sçachez que tant que vous rendrez à ce divin thrésor le culte et l'honneur qu'il mérite, vous ne pourrez jamais manquer de rien et vous aurez des biens en abondance. »

Isaac reçut donc, avec de grandes reconnoissances, le présent précieux de la main de son oncle, et n'oublia jamais l'avis qu'il luy avoit donné ; le serrant soigneusement dans une armoire, et, tous les jours, ne manquoit pas de luy rendre, avec grand soin, les honneurs et les mesmes adorations que luy avoit rendu son oncle Nicodème. Il arriva donc que luy, qui par le passé avoit été dans la disette et dans la pauvreté, devint subitement riche, très considérable et de grande autorité ; mais sa femme, admirant une si grande abondance de richesses, curieuse d'en sçavoir la cause, interrogea son mary en ces termes : « Faites connoître d'où vous est venue une si grande abondance de biens en si peu de temps. » A quoy il répondit : « C'est par un bienfait de Dieu, comme je le crois. » Laquelle réponse l'irrita, parce qu'elle craingnoit que son mary ne fît quelque chose contraire à la loy Judaïque.

Un jour donc, Isaac étant à genoux prosterné, faisant son oraison devant son armoire où étoit enfermé ce précieux trésor, fut surpris par sa femme en cette posture, et aussitôt elle fut l'accuser en la présence de tous les Juifs, disant qu'elle l'avoit surpris adorant une idole. Cette accusation étant faite, il fut mandé devant le consistoire, pour être condamné des autres Juifs, étant convaincu d'avoir péché contre la loy.

Mais cette accusation luy ayant été objectée devant tous, il nia d'être coupable d'un tel crime, et comme il étoit homme de grande autorité, et n'ayant jamais été soupçonné de la moindre transgression de la loy, on ne voulut pas le condamner par l'accusation d'une seule femme ; mais, quelle merveille ! il avoit pour protecteur celuy dont il honoroit le sang précieux. Enfin il sortit du consistoire, justifié du crime qu'on luy imputoit ; les Juifs, cependant, l'avertissant de ne rien faire à l'avenir qui fût contraire à la loy, et de ne point adorer d'idole.

Or, connoissant qu'on luy dressoit continuellement des embûches, et qu'il ne pourroit plus librement adorer le précieux sang s'il demeuroit plus longtemps en Jérusalem, il en sortit le plus promptement qu'il put, et alla demeurer en la ville de Sidon, en un logis qui n'étoit pas beaucoup éloigné du bord de la mer, et, en ce lieu là, sans crainte rendoit au précieux sang ses honneurs et ses adorations, comme il avoit accoutumé auparavant. Or, une nuit, étant endormy sur son lit, il luy sembla entendre une voix qui luy disoit : « Tite et Vespasien, empereurs de Rome, doivent venir en ce pays, de l'Italie, accompagnez de plusieurs légions de soldats qui détruiront tout Jérusalem et renverseront le temple. »

Isaac étant éveillé de son sommeil, et surpris de la voix qu'il avoit entendue, fut fort affligé, et fut beaucoup en peine de ce qu'il devoit faire du précieux sang, et pensa avec grand soin où il le pourroit cacher; et de plusieurs sentiments qu'il eut pour cet effet, il choisit cet expédient, sçavoir : qu'il feroit un trou rond dans un gros figuier qui étoit en son jardin, dans lequel il renfermeroit secrètement le précieux sang ; ce qu'il exécuta comme il avoit conçu. Mais appréhendant que l'humidité du bo:s verd ne consommast le gant, et ensuite que le précieux sang n'en reçust quelque diminution, étant fort adroit et industrieux, il fit un petit vaisseau de plomb, long et étroit, selon la grandeur du trou qu'il avoit fait au figuier, et ayant mis le sang précieux dans le vaisseau, il le ferma et souda, et enferma aussy, dans un autre vaisseau, aussy de plomb, une petite partie d'un fer, dont on n'est pas certain si c'étoit une portion du fer de la lance de notre Seigneur, ou si c'étoit une partie de l'instrument dont peut-être il s'étoit servi pour mettre le sang précieux dans le vaisseau de plomb. Quoy qu'il en soit, on ne doute point, néanmoins, qu'ayant touché le sang précieux, il ne soit digne de grande vénération.

Isaac, ayant fait cela selon le désir de Dieu, mit les vaisseaux de plomb dans les trous qu'il avoit faits au figuier, et les boucha fort étroitement; n'oubliant jamais qu'en ce lieu étoit caché le précieux sang, et qu'il pourroit prier secrètement en ces endroits, sans craindre d'être accusé par sa femme, ny de perdre ce précieux trésor. Mais, ayant fait ces choses, ô grande merveille ! l'escorce du figuier couvrit ces deux vaisseaux si bien, qu'il n'y resta aucune marque de l'ouverture qui y avoit été faite. Isaac, non moins surpris que réjouy par la nouveauté d'un si grand miracle, crut que ce précieux trésor n'étoit pas seulement le sang d'un homme, mais aussy d'un vray Dieu et homme. Dans la suite des temps, un jour qu'Isaac reposoit derechef sur son lit, il luy sembla entendre la voix qu'il avoit entendue par cydevant, sçavoir : de l'arrivée des Romains, de la destruction et renversement de la ville et temple de Jérusalem, et que le jour suivant il coupât, sans différer, l'arbre où il avoit enfermé le précieux sang.

Isaac, dès le grand matin du jour suivant, fit ce qui luy avoit été commandé, sçavoir : de couper l'arbre et de laisser le précieux sang dans le tronc; et le tronc demeura en ce lieu quelque temps, sans avoir aucune marque de vie, jusqu'à ce que la terre qui étoit autour de son pied étant changée en boüe, par la fréquente inondation des eaux de la mer, luy ôta la solidité des racines et le priva de croître. Isaac, voyant donc que ce tronc ne pourroit pas longtemps demeurer en cet état, et que, pour la crainte des Juifs, il ne pourroit pas luy rendre ses vénérations ordinaires, et qu'il n'avoit aucun lieu où il le pourroit cacher secrètement, il le mit en la mer, quoyqu'avec grand regret; et, les larmes aux yeux, pria Dieu tout puissant en cette manière :

« Souverain pasteur de toutes les puissances, créateur de toutes les créatures, qui avez envoyé le vray prophète Jésus-Christ pour sauver les hommes, duquel le sang précieux est caché en ce tronc, qu'il vous plaise le regarder et le conduire en quelque lieu honneste auquel on luy puisse rendre la révérence qui luy est due. Votre divine bonté sçait que s'il m'avoit été possible de le retenir, sans blesser la loy judaïque, je ne l'aurois jamais mis en la mer. »

Isaac ayant donc achevé sa prière, demeura grandement affligé et ne put être consolé de personne, ne voulant pas faire connoître la cause de sa douleur; mais Dieu et homme qu'il avoit si ardemment aimé eut compassion de luy, luy envoyant un doux sommeil qui mit fin à sa tristesse, en cette manière : il luy apparut, pendant ce sommeil, une personne vénérable, luy parlant en ces termes : « Isaac, ne vous attristez pas pour le tronc que vous avez mis en la mer, car il sera porté en un lieu des dernières provinces de la France. » Isaac donc, consolé et remply de joye par l'assurance de cette apparition, raconta par ordre à sa femme et à ses voisins sa vision, faisant le récit de toute cette histoire.

Le bruit de ce que nous venons de rapporter se répandit tellement dans tout le territoire de Jérusalem, et la renommée s'en étendit si loin, que nous en avons souvent entendu le récit en notre pays ; et les Juifs mêmes, pour l'autorité d'Isaac et de Nicodème, voulant conserver la mémoire d'un bruit si extraordinaire, le marquèrent en lettres hébrayques dans leurs annales. Enfin le tronc, porté de côté et d'autre par les eaux de la mer, fut jetté en cette vallée[1], Dieu le permettant de la sorte, ainsy que nos pères nous ont raconté ; à laquelle

---

[1] La vallée de Fécamp.

vallée il donna le nom, ainsy que l'on fera connoître au lecteur. Que si cecy n'étoit pas véritable, le nom et le récit qui nous a été fait par nos anciens, n'auroit été que trop mis en oubli, depuis une si longue antiquité; car un bruit qui est faux est aussytôt éteint, et ne continue pas si longtemps.

Or, en ce temps, la mer s'étendant beaucoup loin dans cette vallée, il arriva que le tronc fut jetté par la mer sur la terre, en un lieu de cette vallée tournoyante et remplie d'un grand nombre de bois, éloignée du bord; et demeura fort longtemps en ce lieu, sans être connu ny révéré de personne; et la mer étant retirée de ses propres limites plus qu'à l'ordinaire, et cette vallée demeurant sèche et presque sans être arrosée des eaux de la mer, cet arbre inconnu [resta] couvert de terre, de boüe et d'herbe verdoyante. Comme la plus grande partie du monde étoit arrêtée à la superstition des ydoles à qui ils sacrifioient, et croupissant depuis longtemps en ce misérable état, le bienheureux saint Clément, étant pour lors pape de Rome, envoya, en plusieurs lieux de la France, des personnes vénérables pour y prêcher et étendre la loy de Jésus-Christ, sçavoir : saint Denis et ses compagnons, saint Taurin et plusieurs autres, prêchant la loy chrétienne.

Nous nous dispensons de raconter quelles furent leurs prédications, car notre but est de rapporter comment le tronc, où étoit le sang précieux, fut trouvé. Un homme donc, nommé Bozo, fut envoyé du bienheureux saint Remy, pour accompagner ceux qu'il avoit envoyez pour prêcher dans le pays de Caux, dont le peuple fut converty après avoir entendu leurs prédications, et d'infidelles qu'ils étoient devinrent fidelles, n'abandonnant pas seulement le culte des ydoles, mais, les ayant abandonnées, les brisèrent toutes. Ce succez ayant été heureux, Bozo dont j'ay parlé, parcourut tout le pays de Caux, cherchant quelque lieu agréable où il pust s'arrêter et y bâtir quelque demeure; étant venu jusqu'à ce pays, et y ayant trouvé une terre fertile, proche de la mer, au milieu de laquelle coule un agréable cours d'eau douce, voyant que ce lieu étoit environné de forêts très épaisses, remplies de toute sorte d'animaux pour la chasse, il s'y arrêta, et y bâtit quelqu'édifice, et nomma ce lieu de son nom, Bullaire Debo [1].

---

[1] Nous ne saurions proposer une interprétation plausible du sens de ces deux mots.

Etant en ce lieu arrêté, il convertit à la foy une certaine femme nommée Merca, à laquelle ensuite il se maria et en fit son épouse, et vécurent fort longtemps ensemble, bien unis, heureux, abondants en richesses, et eurent plusieurs enfants de leur mariage, fils et filles.

Un jour donc, comme les enfants de Bozo faisoient paître leurs troupeaux, en ce mesme lieu de la vallée en laquelle étoit demeuré le tronc dont nous avons parlé, d'autant que le paturage en ce lieu étoit plus fertile et plus agréable qu'en tout autre lieu, ils trouvèrent trois verges tendres, belles et verdoyantes, couvertes de feuilles, desquelles un de ces enfants en coupa une qu'il porta en sa maison. Bozo, qui de naissance étoit romain, regardant ses enfants, et considérant cette verge, leur demanda en quel lieu de la forest ils l'avoient trouvée; lesquels, remplis de crainte, luy répartirent certainement : « Mon père, ça été dans la vallée que vous sçavez être plus fertile en herbage que les autres; il y en a encore deux semblables à celle-cy, que nous n'avons pas voulu couper, parce qu'elles nous sembloient trop tendres. » Et Bozo leur répondit : « Demain j'yray avec vous, et je verray si vous dites la vérité. »

Bozo donc, dès le matin, s'en alla avec ses enfants sur le lieu, où étant arrivé, et considérant que ces verges étoient fort tendres et qu'elles étoient d'un figuier, il ne les coupa point, mais comme il sçavoit ce que c'étoit que les jardinages, puisqu'il en avoit fait le métier, il les enleva du tronc adroitement, les détacha, et les planta dans son jardin, et puis s'efforça de tirer le tronc de la terre, à coups de hoüe et autres instruments; et, quoyqu'après avoir osté la terre de côté et d'autres dudit lieu et du tronc, en sorte qu'il étoit entièrement découvert, avec tous ses efforts, il ne put cependant nullement le remuer de sa place; et les verges qu'il avoit plantées crurent et devinrent de grands arbres qui produisirent quantité de fruits, et ces arbres furent les premiers qu'on eut jamais vus de cette sorte, dans ce pays, et on assure qu'ils donnèrent aussy le nom à ce champ qu'on appelle le Champ du Figuier, qui néanmoins fut nommé depuis le Grand Champ, parce qu'il avoit une si grande abondance d'herbes, que, quelque grand nombre de bestes qu'on y pust amener au paturage, elles ne pouvoient être consommez.

Bozo ayant donc longtemps vécu, et étant fort âgé, Dieu le permettant ainsy, passa de cette vie et mourut; et, étant décédé, sa femme qui, comme nous avons dit, s'appelloit Merca, demeura veuve avec ses enfants tout le reste de ses jours. On rapporte qu'un jour, en temps d'hyvers, un certain pélerin, homme d'un bon port et d'un âge vénérable, vint au logis de Merca, la prier de le recevoir pour hôte. Merca, qui étoit une femme d'une grande vertu et fort charitable, reçut cet étranger en son logis, avec toute la courtoisie qu'elle put. Comme, sur le soir, cet étranger avec Merca et ses enfants étoient proches du feu, Merca, se souvenant toujours de son mary défunt qu'elle ne pouvoit oublier, dit d'une voix plaintive : « O mon mary, si vous viviez, nous aurions quelque grande pièce de bois, comme on a coutume de faire aux prochains jours de la fête de la Nativité de Notre Seigneur. » Ses enfans voyant qu'elle s'affligeoit, dirent entre eux : « Cherchons quelqu'un qui nous puisse aider, et apportons demain ce tronc qui est dans le champ du Figuier. » Merca, ayant entendu ses enfants, leur dit : « Votre père a fait ce qu'il a pu pour l'apporter, cependant par toute son industrie et avec tous ses efforts, ne l'a pu nullement remuer. Ainsi, avec tous vos soins et avec tous vos efforts, vous ne pourrez en venir à bout. »

Cet étranger, entendant la contestation de la mère et de ses enfants, leur demanda ce qui étoit de ce tronc, en quel lieu il étoit, et pourquoy on appelloit ce champ le champ du Figuier; auquel Merca répondit : « Ce que vous demandez est merveilleux, mon amy »; et il luy repartit : « Servante de Dieu, je vous prie de me dire quelque chose de ce tronc. » Cette femme, voulant satisfaire aux demandes de cet homme, luy raconta ce qui étoit arrivé des trois verges que ses enfants avoient trouvées sortantes de ce tronc, lorsqu'il étoit encore couvert de terre et d'herbe, et comme elles avoient cru et multiplié après avoir été plantez, et avoient produit abondance de fruits, et comme le champ où ce tronc avoit été trouvé étoit devenu fertile et abondant en herbe et paturage. Cet étranger qui, peut-être, avoit été envoyé de Dieu pour cela, ayant entendu le récit que luy en fit Merca, luy dit : « J'iray demain avec vos enfans, et ayant mis ce tronc dans le chariot, si Dieu le permet, nous l'amènerons jusqu'icy, et si nous ne pouvons pas le conduire jusqu'icy, le chariot venant à manquer ou Dieu ne le permettant pas, du moins il en sera plus proche, et le lieu en deviendra plus fertile et abondant. » Dès le matin, ayant donc préparé le chariot, le pélerin avec tous les domestiques allèrent vers le lieu où étoit ledit tronc ; où étant arrivés, cet étranger le leva et le mit sur le chariot, avec autant de facilité que s'il n'eût été aucunement pesant; et les bœufs, venant à tirer le chariot, le roulèrent facilement jusqu'au lieu où l'église abbatiale de Fécamp a été bâtie ; où étant arrivés, Dieu le permettant ainsy, il devint tellement pesant que, non seulement il fut impossible de passer plus outre, mais aussy par sa pesanteur il brisa le chariot. Alors, le pélerin étranger, se prosternant la face en terre, pria quelque temps, et, ayant achevé son oraison, marqua le signe de la croix sur le tronc, et sur ce signe assembla un monceau de pierre, en façon d'autel, et dit à ceux qui étoient là présents : « Heureuse cette province, plus heureux ce lieu, mais aussy très heureux ceux qui auront le bonheur de voir et d'honorer le prix du monde qui est contenu en ce lieu. » Et, ayant dit ces paroles, il disparut, devant toute l'assemblée, et ne fut plus vu.

Etant donc tout surpris, les enfants de Merca retournèrent en leur logis, et luy racontèrent ce qu'ils avoient vu ; ce que Merca ayant appris, rendit grâce à Dieu de ce qu'il avoit honoré sa maison de la réfection d'un si bon hôte; et, depuis ce jour, cette vallée devint tellement abondante en herbage, que, pour quelque quantité de bêtes qu'on y pust amener au paturage, elle ne paroissoit aucunement diminuer. Cette vallée, à cause du tronc qui y étoit, fut longtemps aimée et hantée par les habitants et peuples circonvoisins, d'autant que leurs bestiaux, étant nourris en ces paturages, devenoient plus gras et plus beaux, donnant aussy une plus grande abondance de lait; et la forest qui en étoit proche, étoit si commode pour les chasseurs, que les principaux seigneurs du pays de Caux y venoient souvent pour le divertissement de la chasse.

Le duc Ansegise, avec plusieurs seigneurs, se disposant de descendre en cette vallée, fit disposer ce qui étoit nécessaire pour y prendre le divertissement de la chasse; y étant arrivés, commanda de détacher les chiens, qui aussytôt coururent de côté et d'autre, fesants grand bruit, en aboyant et cherchant leur proye. Un cerf d'une étonnante grandeur se trouva devant eux, ce qu'on sçait assez par le rapport qu'en ont fait nos anciens, qui ayant été longtemps poursuivi par les vallées et buissons, arriva enfin au lieu où étoit le tronc, où étant, et ayant incliné sa tête vers ceux qui le poursuivoient, demeura immobile. Alors les chasseurs et les chiens qui couroient après, demeurèrent tellement privés de l'usage de leurs membres, Dieu le permettant de la sorte, qu'il fut impossible à aucun d'eux de s'approcher du cerf qu'ils poursuivoient.

Le duc Ansegise, surpris d'un si prodigieux miracle, se prosterna en terre, pria Dieu humblement de luy faire connoître, quoyqu'indigne de cette faveur, ce qu'il plaisoit à sa divine bonté luy marquer par le cerf, en la présence duquel ses chevaux et ses chiens étoient privez de l'usage de leurs membres ; et, continuant son oraison attentivement, le cerf marche petit à petit, et fait comme un grand tour de cercle autour du lieu où il étoit arrêté, et, son tour achevé, il disparut et ne fut plus vu.

Alors, les chasseurs et les chiens recouvrèrent le premier usage de leurs membres et l'empêchement qui leur en était fait, et furent entièrement guéris. Ansegise ayant remarqué les traces du cerf, commanda qu'on luy apportast des branches d'arbres, desquelles il composa une façon de chapelle et oratoire, autour du lieu où le cerf avoit fait le circuit par ses pas, désignant le lieu où il s'étoit arrêté, pour y placer l'autel, promettant à Dieu, par vœu, que, s'il vivoit, il feroit édifier une église en l'honneur de la sainte et individue Trinité, sur ce même lieu ; mais ayant été prévenu de la mort, il ne put accomplir son vœu.

Après la mort d'Ansegise, ce lieu ayant demeuré inconnu et inhabité, devint derechef un lieu de paturage pour les bestes qui y venoient comme avant l'apparition du cerf. Plusieurs années s'étant écoulez jusqu'au reigne de Clotaire, roi de France, le bienheureux Waninge, qui pour lors étoit conseiller et favory de ce roy, fut envoyé par les mêmes princes du pays de Caux, pour gouverneur de la province. Waninge étant donc arrivé en ce pays, avoit coutume de venir en ces quartiers de Fécamp, pour y prendre le divertissement de la chasse, à cause de la bonté des forests et de la multitude des bestes de la chasse dont elles étoient remplies ; ne reconnoissant la sainteté du lieu, et n'étant pas informé des habitants pourquoy Ansegise l'avoit tant aimé et révéré, ou quel pouvoit être le lieu, il n'eut pour luy aucune vénération, comme avoit fait Ansegise. Néanmoins, la divine providence qui vouloit faire connoître le sacré dépost qui étoit renfermé dans ce lieu, disposoit pour ce sujet le bienheureux Waninge, qui, étant homme d'une grande piété, le choisit pour édifier ce lieu vénérable ; ce qu'il luy fit entendre d'une manière extraordinaire, car il fut très longtemps travaillé de la fièvre, de sorte qu'il fut presque réduit à l'extrémité ; car ceux qui étoient là présents le tenoient pour mort. Pendant ce grand assoupissement que luy avoit rendu (*causé*) son extase, il luy sembla être conduit vers les lieux des damnés, où les pécheurs souffrent des peines cruelles dües à leurs péchez, et ensuite considérer le repos des justes, où ils sont remplis de félicité et de bonheur. Considérant ces choses, il est luy-même observé et conduit devant un juge terrible par ses regards menaçants, duquel il connut facilement qu'il avoit grandement péché, en ce qu'il n'avoit pas respecté ny honoré ce lieu saint, que le duc Ansegise eust fait édifier en l'honneur de la sainte et individue Trinité, s'il eust vécu. Comme donc il demeuroit prosterné devant ce juge formidable dont il attendoit la sentence, par les prières de la bienheureuse martyre Eulalie, le juste juge luy fut favorable, le guérissant de la fièvre, et luy prolongea sa vie de vingt ans, et le commit sous la garde et le soin de cette sainte martyre, afin qu'elle l'instruisist de quelle manière il devoit faire bâtir un temple de sainteté. Celle-ci luy ordonna de jetter les fondements d'une église en l'honneur de la Trinité sur ce lieu, et il y édifia une abbaye, et fit venir la sainte fille Childemarche, qui étoit pour lors à Bordeaux, pour en être la première Abbesse.

Waninge étant donc revenu à soy de son extase, raconta à ceux qui étoient présents proche de luy cette vision surprenante qu'il avoit eue; et sa santé étant parfaitement rétablie, après avoir pris avis de saint Oüen, pour lors archevêque de Roüen, et de saint Wandrille, abbé et fondateur de l'abbaye de Fontenelle, fut trouver le roy Clotaire, auquel il fit récit de ce qui luy étoit arrivé, et l'ordre qu'il avoit reçu de bâtir une abbaye. Le roy, l'ayant entendu avec admiration, le renvoya, avec pouvoir de l'accomplir soigneusement. Et Waninge étant de retour, s'informa soigneusement du lieu où le cerf avoit été vu par Ansegise, et, l'ayant connu par les anciens habitants du pays qui luy apprirent les merveilles qui y étoient faites, construisit une église, selon ce qui luy avoit été enjoint par sainte Eulalie; et, lorsqu'il faisoit bâtir et construire cet édifice, plusieurs personnes anciennes luy racontèrent grand nombre de miracles qui étoient faits, dont nous avons parlé cy-dessus, du tronc, du pélerin étranger qui l'avoit transporté, et de l'apparition du cerf. Ce que Waninge ayant entendu, comme il étoit homme de grande sainteté, il rendit grâce à Dieu de l'avoir bien voulu choisir pour accomplir un ouvrage si saint; il connut aussy que les trois verges qui sortoient du seul tronc signifioient la très sainte Trinité en une seule substance, à laquelle cette église devoit être consacrée.

Waninge ayant achevé son ouvrage, et ayant mis en ce lieu une communauté de religieuses auxquelles il donna l'ordre qu'il avoit reçu de la bienheureuse Childemarche supérieure, et les vingt années qui luy avoient été données étant accomplies, et ne pouvant aller au delà du terme, il passa de cette vie à une meilleure, et, depuis ce temps jusqu'à présent, ce lieu a toujours été appellé Fécamp.

Or, la religion chrétienne fut fort longtemps révérée et grandement étendue en ce pays, jusqu'à ce que les furieuses cruautés de quelques payens venus en ces lieux pillèrent et ravagèrent, de fond en comble, l'abbaye qui avoit été fondée en ce lieu, et firent mourir cruellement les saintes vierges servantes de Jésus-Christ qui y demeuroient, et qui, pour éviter que ces barbares payens ne violassent leur pudeur, s'é-toient, avec un courage sans pareil, toutes coupé le nez et les lèvres, afin que, paroissant difformes et défigurées, ils en eussent plustôt de l'horreur que de l'envie; et elles conservèrent, par ce moyen, le trésor de leur chasteté, mourantes par les armes de ces cruels, pour leur divin époux, à qui elles étoient consacrées et vouées.

Quelque temps après, ces désordres s'étant écoulés, et quelques autres de ces payens étant retournés avec de grandes forces, continuèrent ces cruautés dans ces pays, qui néanmoins, par un coup de Dieu, furent convertis à la foy, et s'appliquèrent d'étendre et faire révérer la religion chrétienne que par auparavant ils persécutoient. Le premier prince et chef de ces payens qui embrassa la religion chrétienne fut le premier duc de Normandie, nommé Raoul, qui, étant mort, laissa pour successeur audit duché le duc Guillaume, qui fit réédifier ce lieu qui avoit été ruiné par ses prédécesseurs, pour lors payens, et y fit bâtir une église sur les ruines de l'autre; laquelle étant achevée, plusieurs évêques que le duc avoit mandez étant arrivés, pour en faire la dédicace, avec quantité de peuple, ecclésiastiques et laïques, alors un homme inconnu, d'un port majestueux, entra dans l'église, et porta sur l'autel, en présence de tous, une façon de couteau, sur lequel nous avons vu écrit : *In honore sanctissime et individue Trinitatis* : « En l'honneur de la très sainte et individue Trinité. » Lequel étranger inconnu nous croyons sans doute avoir été un ange de Dieu ; lequel, ayant fait son offrande, retourna sans empêchement, et monta sur une pierre dure qui étoit dans une cour, proche de la porte de l'église, où, ayant imprimé la marque de ses pieds, en présence de tout le peuple, comme dans de la bouë ou de la poussière, s'éleva en l'air, et depuis ne fut plus vu d'aucun.

Et c'est icy où finit ce qui étoit écrit sur le rouleau de papiers qui fut lu en la présence du duc Richard.

Notre illustre duc Richard ayant entendu cette lecture, commanda qu'on cherchât le tronc sous les autels ; et ayant pris des instruments nécessaires pour cet effet, on chercha soigneusement, de sorte qu'il fut trouvé, le duc étant présent, Dieu le permettant de la sorte, pour sa consolation, qui aussytôt luy en rendit grâce, et fit bâtir une très belle église et très grande, comme on la peut voir, et mit dans les fondements d'icelle la moitié du tronc et de la pierre dure, sur laquelle l'ange fut vu monter au ciel, ayant laissé la marque de son pied ; et voulut que l'on conservât l'autre partie de cette pierre, pour rendre témoignage de ces miracles à la postérité. Mais il cacha diligemment le sang de Notre Seigneur Jésus-Christ avec l'autre partie du tronc, en quelque lieu de la muraille, en présence de peu de témoins ; ce que ayant fait, il acheva l'édifice d'une auguste et magnifique façon ; et, après avoir envoyé les religieuses qui y étoient à Montivilliers, il mit des chanoines auxquels il donna de grands biens et de grandes dignités, de son patrimoine.

L'an de Notre Seigneur Jésus onze cens soixante et onze, le dix-neuvième du mois de juillet, sous le reigne de Henry second, roy d'Angleterre, pendant que Henry, premier du nom, étoit cinquième abbé de Fécamp, ce tronc incomparable, sçavoir : du précieux Sang de Notre Seigneur Jésus-Christ, que le duc Richard premier avoit diligemment caché, comme les anciennes écritures de nos pères et la renommée nous l'a fait connaître, fut recouvert (*recouvré*) et trouvé enfermé dans une certaine colonne de pierre ronde, peu éloignée de l'autel de Saint-Sauveur, où est à présent le maître-autel, qui étoit industrieusement fait sur la muraille. Le devant de laquelle muraille ayant de chaque côté une semblable colonne, où plusieurs personnes, au temps qu'elles prioient de côté et d'autre, autour de cette colonne, infirmes, débiles, aveugles et boiteux, ont recouvert la santé. Diverses personnes, et de plusieurs sortes d'infirmités, y sont venues rendre grâce à Dieu ; et quelques-uns presque réduits à la dernière extrémité, et ayant recouvert une parfaite et entière santé, s'en sont retournés chez eux, pleins de force, priant et remerciant Dieu.

———o———

Cette histoire est copiée sur le vrai original étant dans le chartrier de l'abbaye royale de la très sainte et individue Trinité de Fécamp, approuvé et certifié de plusieurs roys de France, abbés, prieurs, religieux, ducs de Normandie, des siècles passés, archevêques, évêques et seigneurs de différents endroits, et particulièrement de monseigneur de Villeroy, pour lors abbé de Fécamp, qui, après avoir eu communication de l'original de cette copie, et eu aussy la dévotion de visiter le saint trésor, l'attesta, le vérifia, et reconnut que cette relique est le véritable trésor du précieux Sang de Notre

Seigneur Jesus-Christ, sauveur et rédempteur de tout le genre humain.

Or, pour avoir une plus grande vénération que par le passé, il établit et ordonna une très louable et très sainte cérémonie, par une célébration de la fête du précieux Sang de Notre Seigneur Jésus-Christ. Il ordonna, pour cet effet, qu'on envoyast des mandements à toutes les paroisses de huit à dix lieues à l'entour de Fécamp, pour faire sçavoir que, le vendredy de la Passion, l'on institueroit et établiroit, pour toujours, la fête du précieux Sang, dans l'abbaye de Fécamp, et aux paroisses qui en dépendent. Il ordonna et fit deffence aussy aux bourgeois et marchands et artisans de travailler, et de tenir leurs boutiques fermées, pendant toute la journée, sous peine d'amende pécuniaire pour l'hopital de ce lieu ; ce qui fut fait et exécuté, et mandements envoyez et publiez.

Le jour du jeudy de la Passion arrivé, monseigneur de Villeroy, pour lors abbé de Fécamp, assista aux premières vespres, qui furent chantées en musique, ainsy que tout le reste de l'office, d'une office propre [1], avec les ornements du premier ordre, et pareillement la sonnerie.

Le vendredy de la Passion, on commença par l'exposition de la sainte relique du précieux Sang ; immédiatement avant la procession, on chanta à genoux l'antienne : *Jesum ut populum...* Ensuite on fit la procession, en chantant les litanies du précieux Sang, en musique, avec la sainte relique que Monseigneur portoit sous le daix, avec les mêmes cérémonies et encensements qui se font tous les ans ce jour-là. Il vouloit faire cette cérémonie à chausse semelée, mais le prieur et les religieux l'empêchèrent, et luy firent remarquer la rigueur du froid qu'il faisoit ce jour-là.

Au retour de la procession, on dit le verset et l'oraison ; en-

---

[1] *C'est-à-dire :* spécialement composée pour la solemnité.

suite Monseigneur donna la bénédiction avec la sainte relique, après quoy il commença la messe, qui fut chantée en musique solennellement, comme au jour et fête du Saint-Sacrement, avec les mêmes cérémonies pendant toute l'office, après laquelle on fit adorer la sainte relique. Cela fait, on renferma le précieux Sang dans son lieu ordinaire, et ne parut plus de la journée.

Les secondes vespres furent dites à l'heure ordinaire. Toute l'office fut chantée en musique, et solennisée avec une très grande dévotion, et fêtée, comme je l'ai dit, comme au jour du Saint-Sacrement, avec les mêmes cérémonies, excepté que l'on ne porte ny chappes ny cierges à la procession. Monseigneur l'abbé y assista avec une grande quantité de peuple, tant des paroisses circonvoisines que d'icy. Toute l'office est propre.

On réitère tous les ans, au même jour du vendredy de la Passion, cette même office et cérémonie, sans fête. On fait la procession avec la sainte relique que le R. P. Prieur porte. On fait toute la cérémonie seulement à la procession et à la messe, qui est chantée tous les ans en musique.

Ainsi l'on continue, et l'on continuera toujours cette louable dévotion, jusqu'à la fin des siècles.

Le sacré précieux Sang a fait beaucoup de miracles, et en fait encore tous les jours ; en outre un qui a paru de nos jours en l'année mil....

Il y eut une très grande maladie contagieuse en cette année, qui dura long-temps en ces quartiers, même dans bien des endroits, et particulièrement dans le bourg d'Yvetot, où il mourut beaucoup de personnes. Ce qui donna lieu aux habitans d'avoir recours à la sainte relique du précieux Sang, et que tout le peuple d'Yvetot firent tous unanimement ensemble un vœu solemnel d'aller, tous les ans, le lundy suivant du dimanche de la sainte Trinité, en procession et pélerinage, avec la plus grande dévotion qu'il leur seroit possible, pour faire dire une messe solemnelle au précieux Sang de Notre Seigneur Jésus-Christ, et y faire tous leurs dévotions, et après la messe en recevoir la bénédiction, après laquelle l'on chanteroit les litanies du précieux Sang, pour prier Dieu de leur donner soulagement.

Aussitôt que le vœu fut fait, la maladie cessa ; ce qui obligea les habitants d'Yvetot d'élever et faire une société ou confrairie du précieux Sang, et de députer leur chapelain avec quelqu'un des principaux de leurs bourgeois par devers monseigneur l'Abbé, pour lui demander son agrément et son approbation, et qu'il leur accordât la signature de leurs statuts, avec les R. P. Prieurs, Sous-Prieurs et le Père Sacristain, auxquels Monseigneur ordonna qu'on donnast tous les ornements et tout ce qui seroit nécessaire pour dire la messe, en exposant la sainte relique du précieux Sang, et de leur prêter la main en cas de quelque discord de leur confrairie.

Après avoir reçu cette approbation et ce consentement, ils ne manquèrent pas d'accomplir leurs vœux, et ils augmentèrent leur confrairie de beaucoup de personnes de l'un et l'autre sexe. Ils continuent tous les ans cette dévotion et viennent en procession à Fécamp, très dévotement, le lundy d'après le dimanche de la sainte Trinité, pour renouveler leurs vœux. Ils y viennent en chantant les sept pseaumes, en bon ordre. Les hommes marchent deux à deux, la tête nue, avec un cierge à la main. Le mardi on commence la messe à sept heures. Après toutes leurs dévotions faites, un chacun se retire où bon lui semble. Ils s'en retournent en procession, en chantant les litanies des saints, dans le même ordre qu'ils sont venus.

Cette dévotion est si grande, si louable, et même si honorable, qu'il y a beaucoup de personnes de Fécamp et de différentes paroisses, qui se sont rendus de cette belle confrairie.

Il y a aussi une quantité de bonnes ames qui ne sont pas de cette confrairie, et qui ne manquent pas cependant d'assister à cette sainte cérémonie de la messe, et d'y faire aussi leurs dévotions tous les ans.

FIN.

SUR LA LÉGENDE

DU PRÉCIEUX SANG.

La relique miraculeuse du Précieux Sang de notre seigneur Jésus-Christ fut, jadis, pour le moins aussi célèbre en Normandie que l'était, chez les habitans de la Beauce, la fameuse *Sainte Larme* de Vendôme ; larme versée par le Christ sur Lazare ressuscité, soigneusement recueillie par Marie, sœur de Lazare, et transmise, de main en main, jusqu'aux bons moines bénédictins de l'abbaye de Saint-Laumer de Vendôme, qui en tiraient grand honneur et profit. Je ne sais même si, en dernière analyse, en cas de contestation pour la préséance, l'avantage ne devrait pas rester au Précieux Sang, car enfin il a pour lui le bénéfice d'une tradition non contestée jusqu'à ce jour ; tandis que la Sainte Larme essuya, vers le commencement du siècle dernier, une de ces rudes attaques que la polémique toujours guerroyante, quoique toujours orthodoxe, du fameux Jean-Baptiste Thiers, lançait *ab irato*, dans ses nombreux volumes, amusans comme des pamphlets, savans comme des in-folio ; et, quoique l'ordre de Saint-Benoît, attaqué dans sa gloire et ses intérêts, se soit efforcé de repousser les coups du téméraire, quoique le grand Mabillon lui-même se soit levé pour prendre la défense de la Sainte Larme, toujours est-il que l'authenticité de la précieuse gouttelette en demeura fort ébranlée, et que, si on ne la vit pas immédiatement

Remonter vers le ciel qui nous l'avait donnée,

c'est qu'elle devait venir s'engloutir, obscurément et sans gloire, dans le creuset révolutionnaire, avec ses quatre reliquaires d'or, emboités les uns dans les autres, et ses fioles de matière précieuse qui lui formaient un triple rempart, comme pour la protéger contre les regards profanateurs. Il est vrai que notre siècle lui réservait en quelque sorte une résurrection littéraire : la Sainte Larme a eu son Klopstock dans M. Alfred de Vigny; mais l'imagination du poète a peu respecté la naïve tradition du légendaire; aussi, nous ne craignons pas de le dire, le poème d'*Eloa* court grand risque de rester éternellement au rang des apocryphes.

Plus heureux que la Sainte Larme, le Précieux Sang a survécu au grand naufrage de 93, non à la vérité avec son magnifique reliquaire en forme de custode pyramidale, présent du somptueux Antoine Bohier, 28ᵉ abbé de Fécamp, mais réduit à son enveloppe primitive, c'est-à-dire à deux minces tuyaux de plomb qui contiennent, selon les uns, le sang même qui sortit des plaies de Notre-Seigneur; selon les autres, seulement de la terre qui en serait imprégnée. Ces deux précieux réceptacles furent pieusement soustraits à la destruction qui n'eût pas manqué de les atteindre, par dom Letellier, ancien religieux de l'abbaye, qui les restitua lorsque l'église fut rendue au culte. Ils sont aujourd'hui déposés dans une petite châsse en argent, que l'on fait baiser aux pèlerins que la foi attire constamment à Fécamp. Aux grandes solennités, comme aux cérémonies de la Passion et de la Sainte-Trinité, l'affluence est telle, surtout parmi les habitans d'Yvetot, en mémoire d'un vœu relaté par le document que nous publions, que l'on est obligé de placer l'un des tuyaux dans un autre reliquaire, afin de pouvoir les faire baiser à deux personnes à la fois. Au reste, la Faculté de théologie de Paris a elle-même authentiquement autorisé cette dévotion, en déclarant, le 28 mai 1448, que ce culte était très légitime : « *non repugnat pietati fidelium credere, quod aliquid de sanguine Christi effuso, tempore Passionis, remanserit in terris.* » Le père Dumonstier, dans son *Neustria pia*, page 257, pose la question de savoir si ce sang est *radical* ou *nutrimental*, « *radicalis seu nutrimentalis* »; question arduc et de conséquences fort graves, car, dans un cas, il n'aurait droit qu'à un culte de latrie *relative*, tandis que, dans l'autre, on devrait lui rendre un culte de latrie *absolue*.

Il est temps d'annoncer la curieuse relation que nous publions aujourd'hui; la rédaction de l'*Histoire du Précieux Sang*, malgré ses archaïsmes et sa phraséologie barbare, n'est pourtant pas plus ancienne que le xviie siècle, mais elle procède incontestablement d'un original beaucoup plus ancien, dont elle n'est que la traduction. Nous avons rencontré, dans le *Neustria pia*, un court fragment de cet original; il est inséré à la page 256, chap. xv, lig. 3, et commence par ces mots : « *Defuncto Guillelmo Rollonis filio* » etc. ; une note marginale indique que cette relation est contenue dans un manuscrit appartenant à dom De Marseilles, religieux infirmier de Fécamp ; nous ignorons si cet original latin a été conservé, ou s'il se retrouve ailleurs en duplicata. Nous insistons avec intention sur l'indication précise de ce fragment, dont notre *Histoire* est certainement la traduction, de peur qu'on ne le confonde avec une autre relation, que Dumonstier a insérée en entier pages 193 et suivantes, et dont il déclare que le manuscrit appartient également à dom De Marseilles ; peut-être Dumonstier a-t-il fait confusion entre ces deux opuscules, mais évidemment ce sont deux originaux qui diffèrent entre eux, et par le fond et par la forme.

La première partie de cette pieuse chronique, tout ce qui concerne Nicodème et Isaac, Bozo, Merca et l'histoire du pélerin, tient absolument de la légende; ce sont de ces traits que D. Toussaint Duplessis [1] lui-même trouvait dignes du célèbre Métaphraste, et qu'il déclarait inadmissibles *pour tout écrivain qui cherche de bonne foi la vérité*. Au reste, il nous apprend qu'il existait plus d'une variante sur ce thème merveilleux, puisque, d'après une version qu'il copie, Isaac, au lieu de confier à la mer le trésor du Précieux Sang, l'aurait lui-même apporté dans les Gaules, et déposé au pied d'un figuier, près du lieu où s'éleva depuis la ville de Fécamp. « Et voilà, dit-il, pourquoi il a fallu choisir un figuier plutôt qu'un chêne ou qu'un orme : cet arbre s'appelle en latin

---

[1] *Description géographique de la Haute-Normandie*, t. I, p. 94.

ficus ; le champ où il étoit planté devoit s'appeler *fici campus*, et de là venoit tout naturellement le nom de *Fiscampus*, d'où celui de *Fescamp* a été formé. » Amour-propre de dénicheur de curieuses inutilités à part, notre version vaut mieux que celle de Duplessis ; elle respecte plus soigneusement les convenances de localité; le figuier ne croissait pas naturellement dans les forêts du pays de Caux, à l'époque du voyage d'Isaac ; il fallait, pour l'y faire surgir, un miracle, et notre légendaire a fait intervenir le miracle à point nommé.

L'histoire d'Anségise nous fait entrer dans le domaine des légendaires historiques, si je puis m'exprimer ainsi. Trithème, Annius de Viterbe et Charron n'ont pas oublié, dans leurs interminables généalogies, ce prince auquel ils s'efforcent de rattacher la seconde race de nos rois. Il est inutile de faire remarquer l'analogie de cette histoire, telle que la raconte notre pieux écrivain, avec celles de saint Hubert, de saint Eustache, et de beaucoup d'autres, près desquels des cerfs ou des biches blanches furent les interprètes de la volonté divine. Il paraît qu'au temps passé les cerfs étaient fréquemment inspirés. Au reste, les Annales de saint Bertin, ce document ordinairement si respectable de notre histoire primitive, racontent l'histoire d'Anségise et de son cerf; c'est la transition qui lie les légendaires aux chroniqueurs.

Avec le bienheureux saint Waninge, nous entrons dans le domaine de l'histoire, sinon incontestée, au moins positive ; des titres nombreux, des diplômes font mention de ce personnage qui fut contemporain de notre archevêque saint Ouen, par lequel il fit consacrer la nouvelle abbaye de Fécamp, en présence de Clotaire III.

Disons maintenant quelques mots du curieux document manuscrit que nous avons trouvé inscrit sur une feuille détachée de parchemin, sans désignation ni date, et qui offrait un rapport trop direct avec le sujet de notre légende, pour que nous ne fussions pas tentés d'en reproduire le *fac-simile* et d'en hasarder la traduction. D'après l'inspection de l'écriture, il est incontestable que la transcription de ce document date du XIIe siècle ; mais il se pourrait qu'il ne fût qu'une copie, et qu'il fût beaucoup plus ancien ; qu'il datât réellement, par exemple, de l'époque où le monastère de Fécamp resta, pendant près d'un siècle, enseveli sous

Fac Simile d'un Document du XIIe Siècle
concernant
la fondation de l'Abbaye de Fécamp.

Nouerit omnib; circumquaq; xpianus quod homines qui sunt de uil
la Isnaca sabbato ante palmas sicanir aduenere referentes nob
de loco cuiusdam monasterij quod destructum antiquitus nouit
reptis fundamtis prout potant dexerernt. Quod cum ad hoc usq;
pduxissent ut nibi diuinum officium uellent celebrari ignorantes
in cuius honore antiquitus eet dedicatum visum est illis ut ad pre
sens in honore sce Marie & sci Petri uocaret. interim diu depcantes
ut incuius honore antiquitus fuerit diuinitus monstraretur. Se
quenti igit nocte reuelatio cuidam religiose femine apparuit in qua
dictum est illi quod uere in honore sce Trinitatis fuerit & quod fis
cannensi loc' de reliquiis ipsius loci diuinitus sit consecratus
Dicit enim predicta mulier ipsa nocte scam Trinitatem apparuisse &
signa euidentia de constitutione fiscannensis loci que nos satis agnosci
mus sibi nominasse uidelicet de cultello inscripto nomine sce Trinitatis
& de coopertura primane capelle que cum constructa eet in pago Constan
tino p mare diuinitus sine humano auxilio fiscannum usq; delata est
Quod si ds locum illum antiquum huic nouo fiscannensi uidelicet uult
sociare quod diuina reuelatio precipit nulla humana audacia deber
prohibere

Lith. de N. Periaux à Rouen.

ses ruines, entre les années 842 et 915[1]; car quel peut être ce monastère dédié à la Sainte-Trinité, et dont quelques paysans s'avisent de déblayer les ruines, si ce n'est le monastère fondé par saint Waninge et ruiné par les Normands? Toutefois, nous avouons que l'interprétation de ce fragment nous a présenté d impénétrables obscurités, et nous le livrons à la curiosité des érudits, comme un de ces titres *anecdotes*, sur lesquels leur perspicacité aime à s'exercer.

Voici la transcription de ce document, avec la traduction, que nous ne hasardons que sous toutes réserves de droit :

« Notum sit omnibus circumquaque Christianis quod homines qui
« sunt de villâ Asiniacâ, sabbato antè Palmas, Fiscannum advenerunt,
« referentes nobis de loco cujusdam monasterii quod destructum anti-
« quitùs, noviter repertis fundamentis, prout poterant, detexerunt.
« Quod cùm ad hoc usque perduxissent ut inibi divinum officium vellent
« celebrari, ignorantes in cujus honore sancte MARIE et sancti PETRI
« vocaretur; interim Deum deprecantes ut, in cujus honore antiquitùs
« fuerit, divinitùs monstraretur. Sequenti igitur nocte, revelatio cuidam
« religiose femine apparuit, in quâ dictum est illi quod verè in honore
« sancte Trinitatis fuerit, et quod Fiscannensis locus de reliquiis ipsius
« loci divinitùs sit consecratus. Dicit enim predicta mulier, ipsâ nocte,
« sanctam Trinitatem apparuisse, et signa evidentia de constitutione
« Fiscannensis loci, que nos satis agnoscimus, sibi intimassa; videlicet
« de cultello inscripto nomine sancte Trinitatis, et de coopertura pri-
« mitive capelle que, cùm constructa esset in pago Constantino, per
« mare divinitùs, sine humano auxilio, Fiscannum usque delata est.
« Quod si Deus locum illum antiquum huic novo Fiscannensi videlicet
« vult sociare, quod divina revelatio precipit, nulla humana audacia
« debet prohibere. »

« Qu'il soit à la connaissance de tous les fidèles que, le samedi avant
« le jour des Rameaux, des habitans du hameau d'Anières sont venus
« à Fécamp, et nous ont rapporté que, dans l'emplacement où avait jadis

---

[1] Le *Neustria pia* est même d'avis que cet état d'abandon s'étendit jusqu'à l'année 990. Vid. p. 202.

« existé un certain monastère détruit depuis long-temps, ils avaient
« nouvellement découvert des fondations qu'ils avaient déblayées de leur
« mieux ; qu'ayant poursuivi ce travail jusqu'au point qu'ils voulaient
« faire célébrer le service divin en cet endroit, et ignorant toutefois à
« quel saint il était anciennement consacré, il leur avait paru conve-
« nable, pour le présent, de le placer sous l'invocation de sainte Marie
« et de saint Pierre ; priant Dieu cependant qu'il leur fît connaître, par
« quelque céleste témoignage, en l'honneur de qui ce lieu avait été jadis
« édifié. Or, la nuit suivante, une certaine femme, de sainte vie, eut
« une révélation dans laquelle il lui fut déclaré que, véritablement, ce
« lieu avait été jadis édifié en l'honneur de la sainte Trinité, et que
« l'emplacement de Fécamp avait été miraculeusement sanctifié avec
« des reliques provenant de cette même localité. Cette femme affirme,
« en effet, que, dans la nuit dont il s'agit, la sainte Trinité lui apparut
« et lui révéla des particularités évidentes, qui nous sont suffisamment
« connues, touchant la fondation de Fécamp, telles que celles qui con-
« cernent un couteau sur lequel est inscrit le nom de la sainte Trinité,
« et le toit de la primitive chapelle, lequel ayant été construit dans le
« pays de Coutances, fut miraculeusement transporté, par mer, sans
« aucun secours humain, jusqu'à Fécamp. Si donc Dieu veut unir cet
« emplacement antique au nouveau Fécamp, ce qu'enjoint cette révé-
« lation divine, nulle audace humaine ne doit y mettre obstacle. »

Nos lecteurs auront facilement reconnu, dans le couteau que mentionne cette espèce de monitoire, l'instrument que vint déposer sur l'autel, au moment de la consécration du temple, un personnage mystérieux. Quant à l'histoire du toit que la mer enleva à Coutances pour l'apporter à Fécamp, notre relation manuscrite s'en tait, et vraiment c'est dommage : elle méritait d'être religieusement conservée ; nous clorrons donc cette note, en la racontant sommairement, d'après le *Neustria pia*.[1]

Par les soins de Guillaume-Longue-Epée, le monastère de Fécamp s'était relevé de ses ruines. L'édification du temple était presque achevée, il ne manquait plus que le toit ; les ouvriers se disposaient à aller couper dans les forêts le bois nécessaire à sa construction, et, pendant ce

---

[1] Page 203.

temps, les intempéries de la saison menaçaient d'endommager les murs et les voûtes à découvert, quand un miracle arriva qui rendit tout travail ultérieur inutile, et préserva le temple de toute avarie. Dans le voisinage de Coutances, des ouvriers avaient préparé un toit pour une église que l'on élevait à saint Marcoul, et se disposaient à le placer, lorsque, tout-à-coup, la mer franchissant ses rivages, vient soulever ce toit, l'enlève et le porte mollement, sur ses ondes obéissantes, jusqu'aux grèves de Fécamp, où elle le dépose. Dom Toussaint Duplessis va plus loin que le légendaire lui-même ; il dit que la mer ne laissa rien à faire aux ouvriers, et qu'elle plaça le toit sur son entablement [1]. Nous préférons nous conformer à la lettre de notre véridique histoire. Les ouvriers, continue celle-ci, admirent, et la mer qui se retire, et ce toit qui reste sur le rivage; ils s'en emparent, le placent sur l'édifice. O merveille ! il s'y adapte aussi exactement que si on en eût mesuré toutes les pièces ; rien n'y manque, pas une cheville ne fait défaut. Je me trompe, deux pièces manquaient, et c'est en vain qu'avec tout leur art les ouvriers s'efforcent d'y suppléer ; le bois qu'ils taillent est toujours trop court ou trop long, ils ne peuvent réussir à dissimuler le déficit. Les ouvriers allaient se livrer au désespoir, quand un étranger releva leurs courages abattus, en leur apprenant que la mer venait de déposer, sur le rivage, ces deux morceaux, que sans doute elle avait oubliés dans la première traversée. On court à la grève, on trouve les deux pièces annoncées qui s'adaptent merveilleusement aux lacunes à combler, et l'édifice majestueux et complet brave désormais l'orage. Le pieux narrateur a oublié de dire ce que devint l'église dépossédée, et si saint Marcoul ne garda pas rancune à la sainte Trinité qui lui avait ainsi volé son toit. Mais qu'y faire ? Aux cieux comme sur la terre, le plus faible doit subir la loi du plus fort et se résigner.

A. P.

[1] Tome I, page 94.

VI

RÉFORME INTRODUITE
DANS L'ABBAYE DE FÉCAMP.

www.ingramcontent.com/pod-product-compliance
Lightning Source LLC
Chambersburg PA
CBHW060613050426
42451CB00012B/2222